En mi p

Eugenio Cantero
ilustrado por Ana Ochoa

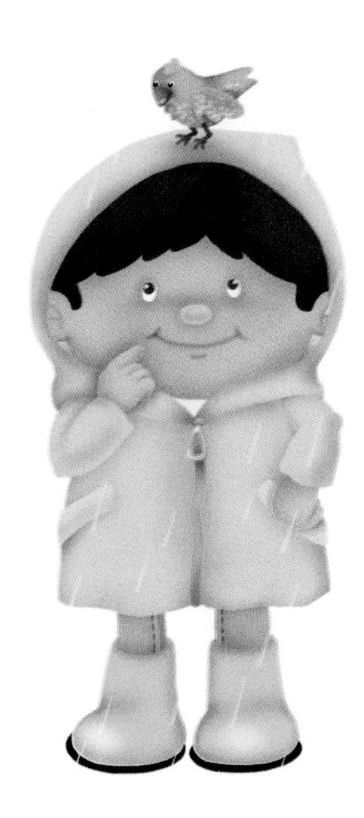

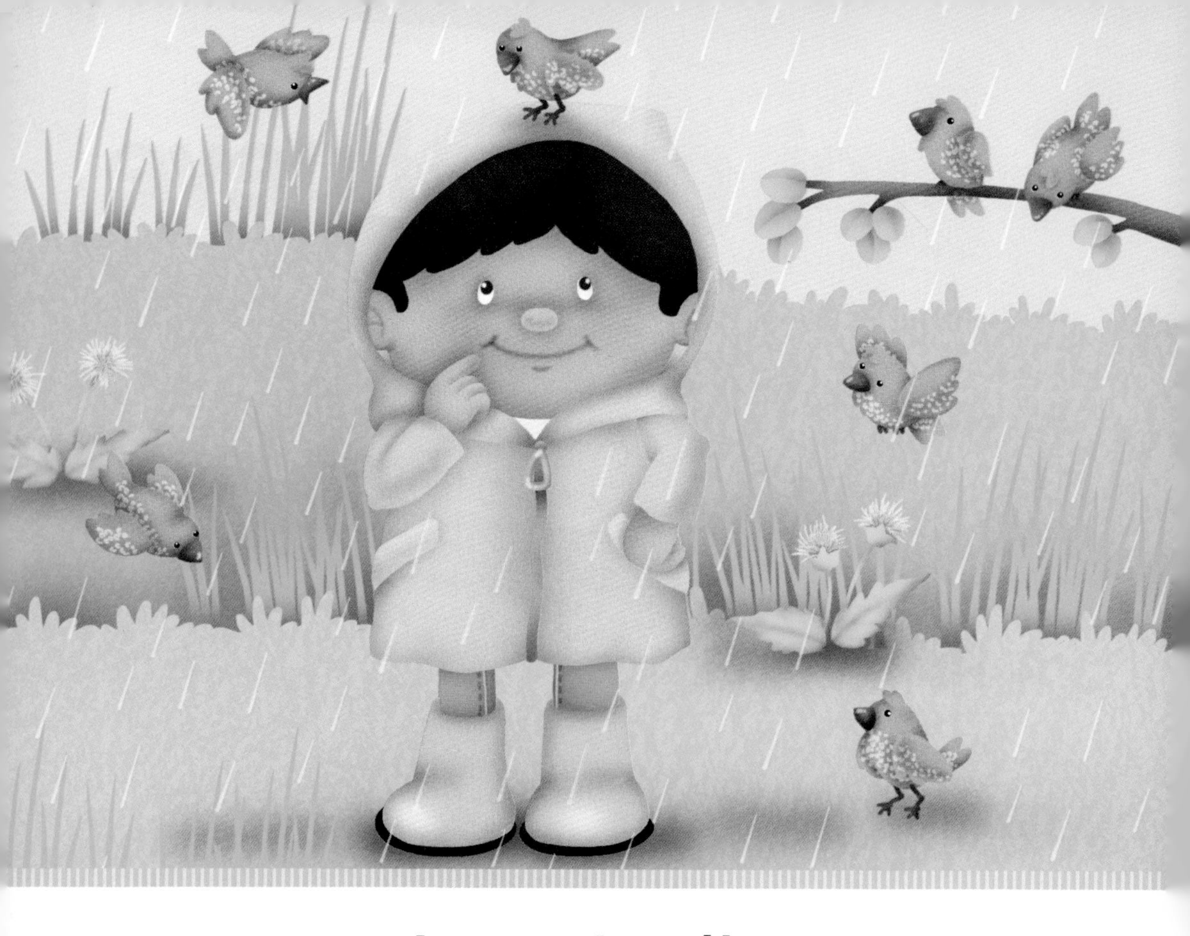

En mi patio llueve.

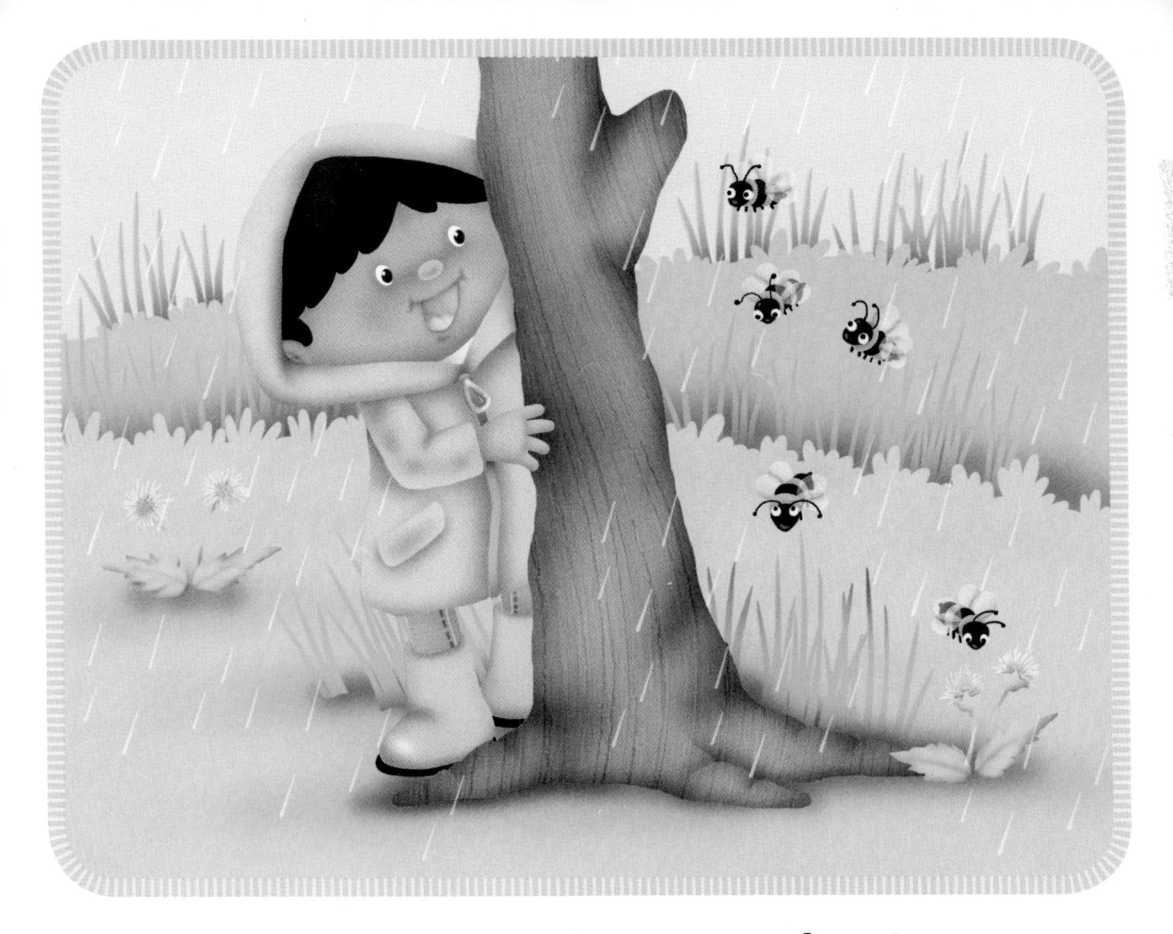

Por eso tiene abejas.

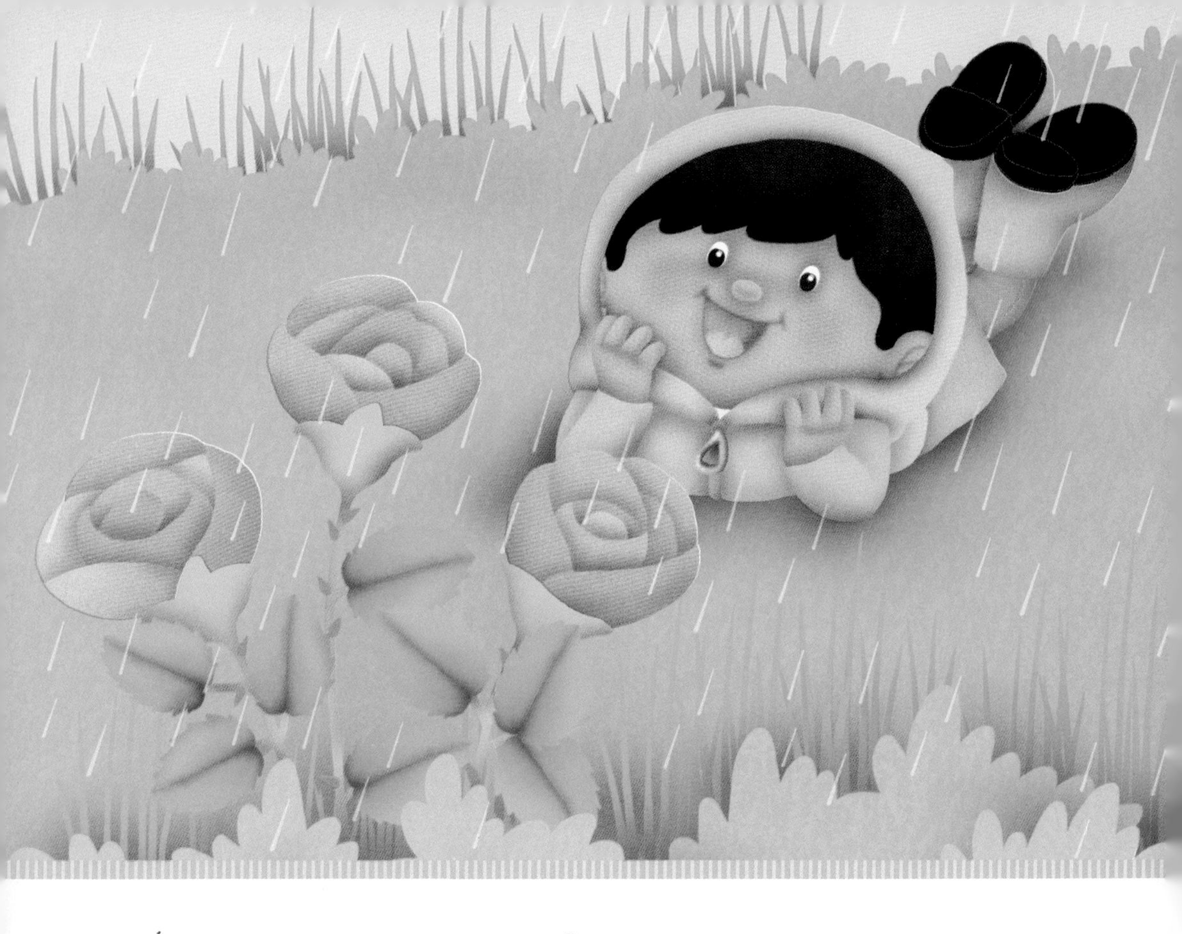

Por eso tiene rosas.

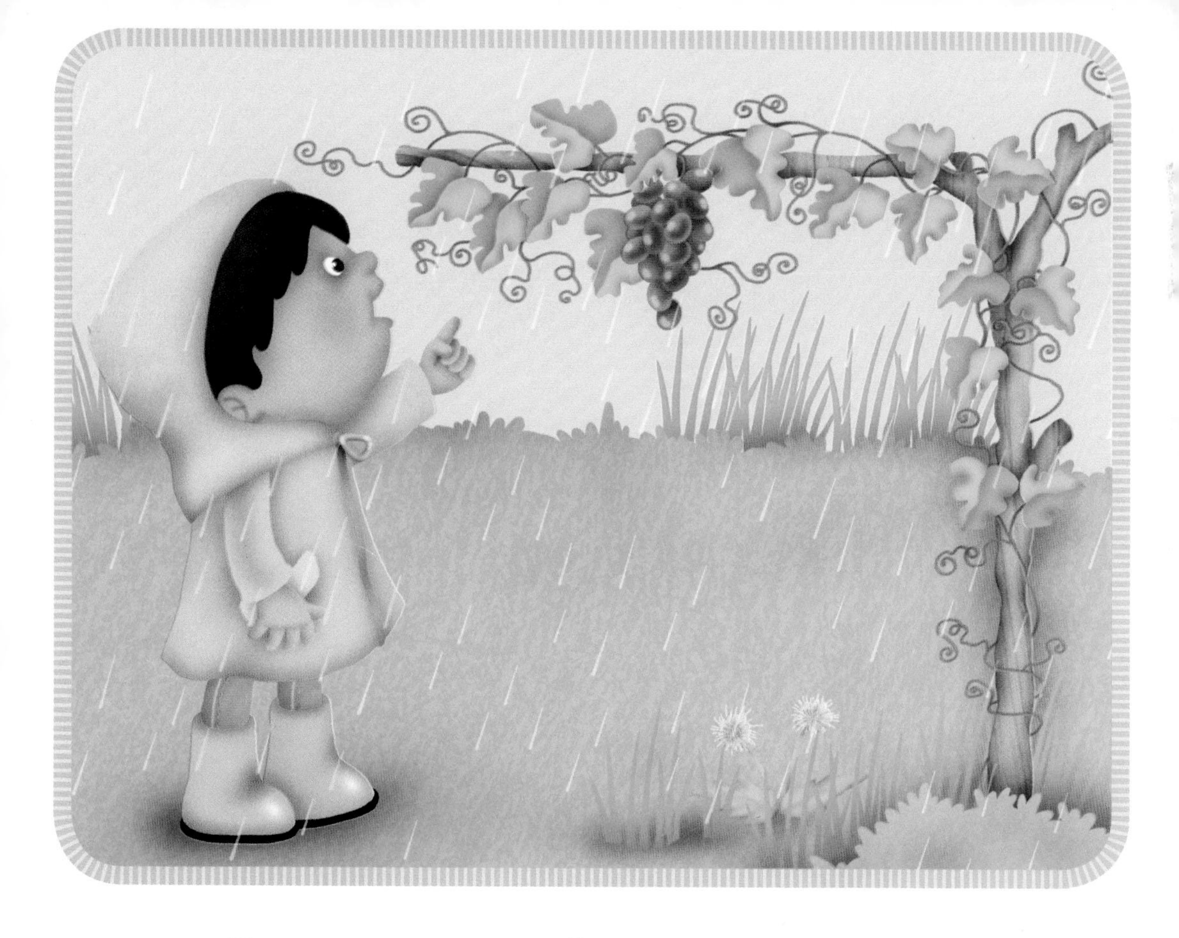

Por eso tiene parras.

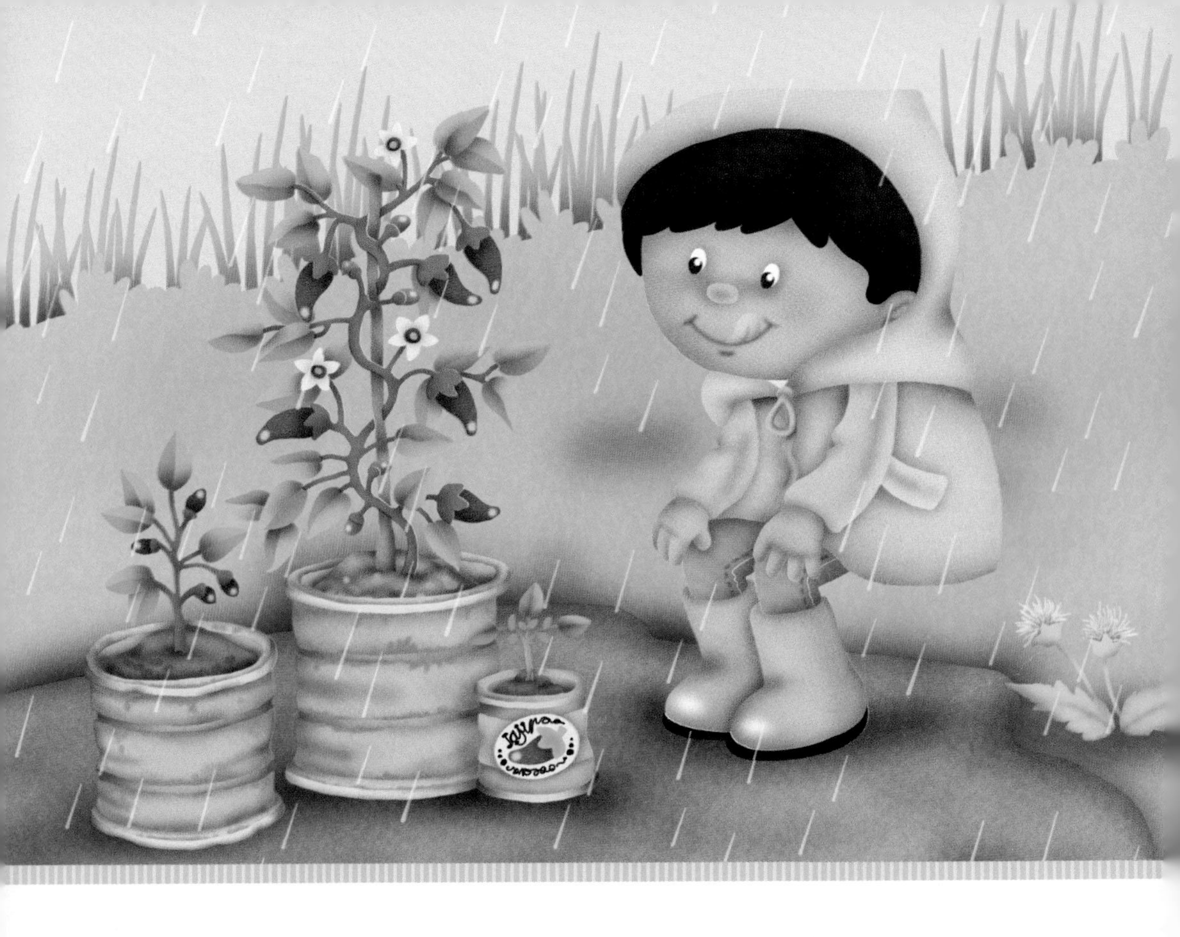

Por eso tiene ajíes.

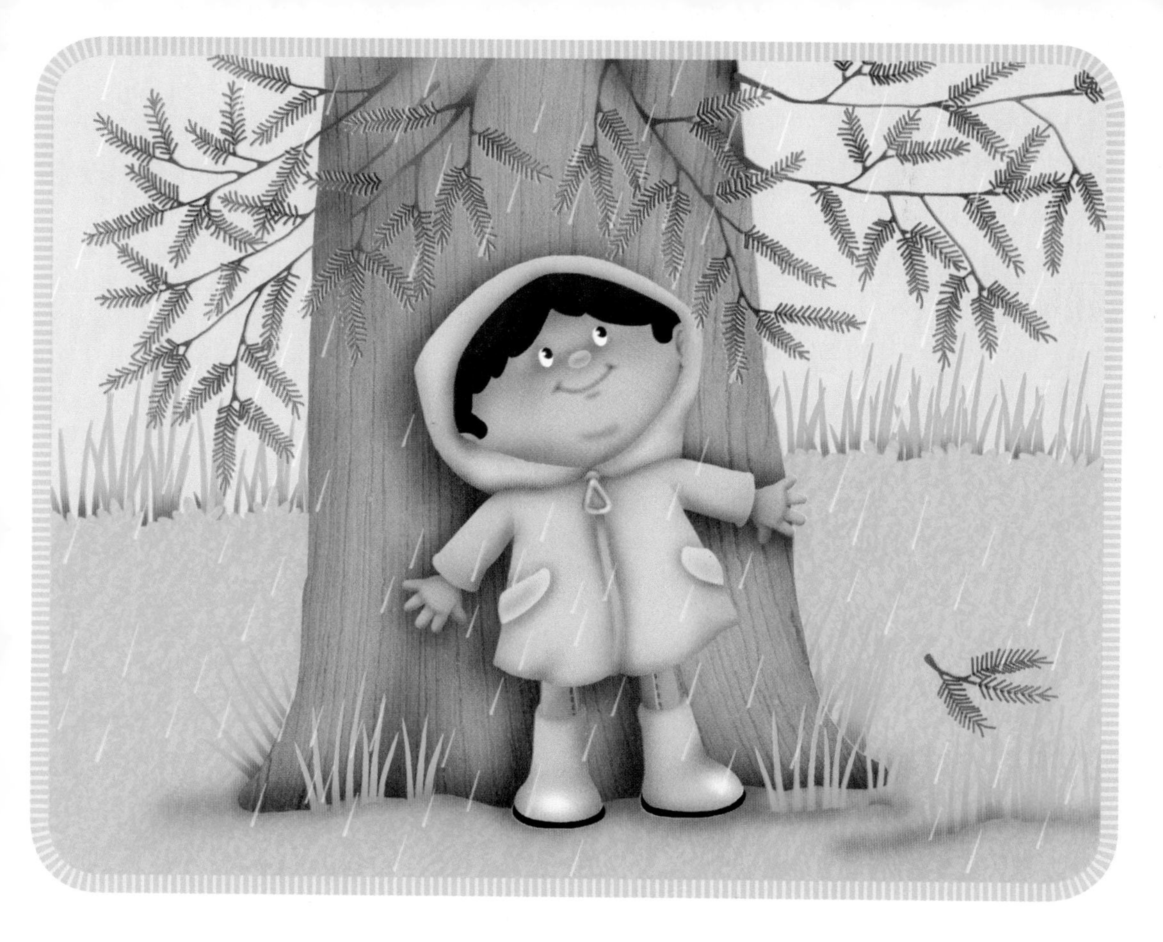

Por eso tiene un pino.

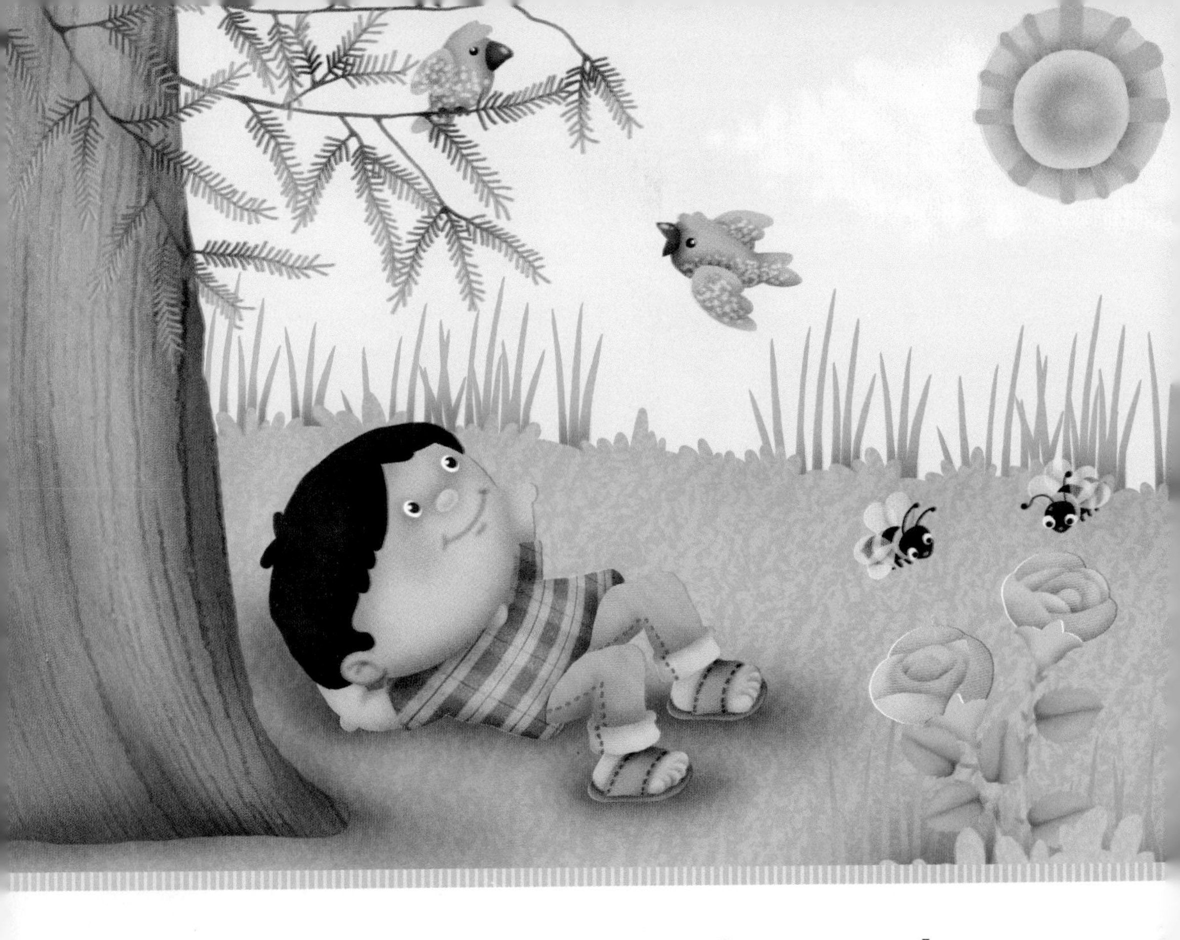

Por eso tiene de todo.